NOUVEAU
FORMULAIRE GÉNÉRAL
DES
ACTES
DE
L'ÉTAT CIVIL

ADOPTÉ PAR

LA COMMISSION DE L'ÉTAT CIVIL.

INSTITUÉE AU MINISTÈRE DE LA JUSTICE

(Arrêtés des 17 Juillet et 25 Novembre 1911, 2 Décembre 1918
24 Janvier et 22 Février 1919, 14 Novembre 1923
26 Février 1926, 8 Février 1927, 19 Janvier 1928)

PRIX : 2 Fr. 30

ATTENTION. — Le présent **NOUVEAU** et **IMPORTANT FOR-
MULAIRE** étant **INDISPENSABLE** aux **Mairies, nous croyons
faire œuvre utile en l'adressant à MM. les Maires.**

*Prière d'en adresser le montant en un mandat-carte ou man-
dat-poste ou timbres-poste à :*

M. EPISSE PIERRE
50, COURS BERRIAT
GRENOBLE (ISÈRE)

Pas de contre-remboursement

Ce formulaire est mis en concordance avec les lois les plus récentes jusqu'au 1er mars 1928

NOUVEAU

FORMULAIRE GÉNÉRAL

DES

ACTES DE L'ÉTAT CIVIL

ADOPTÉ

PAR LA COMMISSION DE L'ÉTAT CIVIL

instituée au Ministère de la Justice

(Arrêtés en date des 17 juillet et 25 novembre 1911, 2 décembre 1918,
24 janvier et 22 février 1919, 14 novembre 1923,
26 février 1926, 8 février 1927, 19 janvier 1928.)

SOMMAIRE

CHAP. Iᵉʳ. — DISPOSITIONS COMMUNES A TOUS LES ACTES DE L'ÉTAT CIVIL

A. — Pour tous les actes compris dans le présent formulaire, la Commission a rédigé des formules-types. Tous les prénoms et noms employés par la Commission sont de fantaisie : les noms sont tantôt des noms patronymiques banaux, tantôt des noms de localités pris au hasard dans le dictionnaire des communes et pouvant passer pour des noms patronymiques.

B. — La Commission n'a pu prévoir toutes les hypothèses : elles sont innombrables, surtout pour l'acte de mariage. Elle a simplement arrêté des formules pour les cas les plus usuels ; les Maires trouveront avantage à ne s'en écarter qu'en cas de nécessité absolue, après en avoir référé au Parquet.

C. — Les personnes dont la loi exige l'intervention à l'acte ont seules le droit de le signer : l'officier de l'état civil ne doit permettre à aucune autre personne de signer l'acte.

D. — La loi du 28 octobre 1922 ordonne d'énoncer les prénoms et nom de l'officier de l'état civil dans tous les actes de l'état civil.

E. — On ne doit laisser **aucun blanc** dans le corps des actes ; en conséquence, les actes ne doivent pas être divisés en alinéas.

F. — L'approbation des ratures doit être toujours portée en marge des actes et non pas à la suite des derniers mots des actes.

G. — **Aucune date** ne doit être mise en chiffres (art. 42 du Code civil) ; mais on peut exprimer **en chiffres** les numéros des maisons, des régiments, etc.

H. — En ce qui concerne les **professions** :

1º Pour les enfants âgés de moins de treize ans, la mention « **sans profession** » est superflue ;

2º Lorsque le mari et la femme exercent la même profession (domestiques, concierges, ouvriers ou employés dans la même maison ou dans des maisons similaires), il suffit d'énoncer une seule fois cette profession, avec le signe du pluriel, après la désignation des deux époux ;

3º Aucune profession ne doit être indiquée pour les personnes déjà décédées, si ce n'est, dans l'acte de décès, pour celui qui vient de mourir. L'observation s'applique surtout aux parents et grands-parents.

I. — En ce qui concerne le **domicile**, aucun domicile ne doit être indiqué pour les personnes déjà décédées, sauf la restriction indiquée ci-dessus pour la profession.

Lorsque le domicile est un hameau ou une habitation isolée, on doit indiquer, la première fois qu'il figure dans l'acte, la commune dont il fait partie.

Les mots **domiciliés à .....** (et non **demeurant à .....**) doivent toujours être employés en ce qui concerne les déclarants, les contractants et les ascendants. Pour les témoins, les mots **domiciliés à .....** sont inutiles ; ex. : cultivateur à Aubazine, ou, relieur, 4, place Sainte-Croix, à Loudun.

Il ne doit pas être parlé, dans les actes de l'état civil, de « **domicile de droit** » et de « **domicile de fait** ». Le domicile peut ne pas coïncider avec la résidence, mais, d'après l'article 102 du Code civil, tout Français ne peut avoir qu'un seul domicile.

J. — En ce qui concerne les villes de Paris et de Lyon, l'indication de l'arrondissement n'est nécessaire dans le corps des actes que si la rue et le numéro de la maison ne sont pas indiqués (ex. : le lieu de naissance du père qui reconnaît un enfant naturel).

K. — En ce qui concerne la **nationalité**, les mots « **de nationalité belge** », « **sujet italien** », etc., doivent être évités. Il n'appartient pas à l'officier de l'état civil de se faire le juge, et encore moins le garant de la nationalité des personnes désignées par lui dans les actes de l'état civil.

L. — En ce qui concerne les **prénoms**, ils doivent précéder et non suivre le nom patronymique (art. 34, 57, 63, 71, 76, etc. du Code civil).

Il ne devra y avoir de trait d'union entre deux prénoms que s'ils forment, par leur réunion, un prénom unique. Ex. : Jean-Baptiste, Marie-

Louise, mais non Edouard-Edmond, à moins que telle n'ait été la volonté formelle du déclarant lors de l'établissement de l'acte de naissance.

M. — Les **témoins** des actes de naissance, reconnaissance et décès sont supprimés par la loi du 7 février 1924, commentée par la circulaire ministériellle du 13 février 1924 ; pour les témoins du mariage, *voir page 13, lettre L.*

N — Les **heures** se comptent de zéro heure (minuit) à 23 h. 59 : les mots **« du matin », « du soir »** sont inutiles. L'heure exacte doit toujours être indiquée et non une heure approximative, en nombre rond. Bien que les actes de mariage soient préparés la veille de la célébration, les heures indiquées doivent être les heures réelles des célébrations et non des heures correspondant à l'ordre dans lequel les actes se succèdent sur les registres.

O. — L'indication des **divisions géographiques** (département, arrondissement et canton) relatives à la commune où l'acte est reçu devra être portée une fois pour toutes en tête du registre. Il est inutile de la reproduire dans le corps de chaque acte, on la portera sur chaque expédition, en tête et à gauche de la première feuille, que la délivrance en soit faite à la Mairie ou au Greffe du Tribunal.

P. — La Légion d'honneur, la Médaille militaire et la Croix de guerre devront, à l'exclusion de toute autre décoration, être indiquées obligatoirement pour toute personne nommée dans un acte de l'état civil : officier de l'état civil, partie, déclarant ou témoin.

Les décorations ci-dessus énumérées doivent être mentionnées dans les actes de décès même si elles ont été conférées au défunt après sa mort ; si elles lui sont conférées postérieurement à l'établissement ou à la transcription de l'acte de décès, leur indication dans l'acte peut résulter d'une rectification (judiciaire ou administrative).

CHAP. II. — DÉSIGNATION DE L'OFFICIER DE L'ÉTAT CIVIL

A Paris, la formule est invariable, les adjoints ayant, comme le Maire, qualité personnelle d'officier de l'état civil.

Hors Paris, la formule variera suivant les cas.

A. — MAIRE.

Nous, Adrien Chennevières, Maire de Saint-Lubin-de-Cravant,...

B. — ADJOINT.

Délégation du Maire

1º *Nous, Adrien Chennevières, adjoint au Maire de Chéroy, officier de l'état civil par délégation,...*

Maire absent ou empêché

2º *Nous, Adrien Chennevières, adjoint au Maire de Chéroy, officier de l'état civil en l'absence (ou par empêchement) du Maire,...*

Maire décédé, démissionnaire ou révoqué

3º *Nous, Adrien Chennevières, adjoint au Maire de Chéroy, officier de l'état civil à défaut de Maire,...*

Second adjoint

4º *Nous, Adrien Chennevières, deuxième adjoint au Maire de Limoges, officier de l'état civil en l'absence du Maire et par empêchement du premier adjoint,...*

Adjoint spécial

(Art. 75 de la loi du 5 avril 1884.)

5º *Nous, Adrien Chennevières, adjoint spécial au Maire de Châteaumont pour la section de la Fourche,...*

C. — DÉLÉGUÉ PROVISOIRE.

(Art. 44 de la loi municipale de 1884.)

Nous, Adrien Chennevières, président de la délégation provisoire, officier de l'état civil de la commune de Rovercourt...

4

D. — CONSEILLER MUNICIPAL.

Délégation du Maire

Nous, Adrien Chennevières, conseiller municipal de la Seyne-sur-Mer, officier de l'état civil par délégation du Maire et en l'absence (ou par empêchement) de l' (ou des) adjoint (s),...

Délégation du Préfet

Nous, Adrien Chennevières, conseiller municipal de la Seyne-sur-Mer, officier de l'état civil par délégation du Préfet,...

Maire et adjoints absents ou empêchés

Nous, Adrien Chennevières, conseiller municipal de la Seyne-sur-Mer, officier de l'état civil en l'absence (ou par empêchement) du Maire, de l' (ou des) adjoint (s) et de tous autres conseillers municipaux,...

E. — AGENTS DIPLOMATIQUES OU CONSULAIRES.

Nous (prénoms et nom) { *ambassadeur / ministre / consul / vice-consul* } { *de France à........, officier de l'état civil,...*

Dans cette hypothèse, les mots « **en la maison commune** » seront remplacés par « **en la chancellerie de notre poste** » pour la célébration des mariages.

La Commission se réfère aux Ministres compétents (Guerre et Marine) pour la désignation des officiers de l'état civil prévus aux articles 59, 86, 87 et 93 du Code civil, lesdits articles visant des cas exceptionnels.

Dans toutes les formules qui suivront, on supposera que l'officier de l'état civil est le Maire de la commune.

CHAP. III. — ACTES DE NAISSANCE

I. — ENFANTS LÉGITIMES.

A

Pour l'acte de naissance des enfants légitimes, la Commission a adopté la formule suivante :

COMMUNE ET CANTON
de
FRESNAY-SUR-SARTHE

———

Arrondissement
DE MAMERS
(Département de la Sarthe)

Le dix-huit juin mil neuf cent vingt-huit, vingt-trois heures quarante minutes, est né place de l'Eglise, André Philippe Jean, du sexe masculin, de Louis Paul Bonnard, né à Mamers (Sarthe), le dix-sept avril mil huit cent quatre-vingt-dix-huit, cultivateur, et de Augustine Carré, née à La Ferté-Bernard (Sarthe), le seize décembre mil neuf cent quatre, domiciliés à la ferme de Féougoux, à Saint-Léonard-des-Bois. Dressé le dix-neuf juin mil neuf cent vingt-huit, dix heures, sur la déclaration du père...
 ou
de Pierre Adrien Perrot, quarante-trois ans, docteur en médecine, domicilié à la Poôté (Mayenne),
 ou
d'Eulalie Boivin, trente-neuf ans, sage-femme, domiciliée à la Poôté (Mayenne),
 ou
de Nicolas Auguste Parent, trente-trois ans, maréchal-ferrant, domicilié à Fresnay-sur-Sarthe,
 ou

} *ayant assisté à l'ac-couche-ment.*

de Louise Mathurine Aubry, veuve Clément, soixante ans, sans profession, au domicile de laquelle l'accouchement a eu lieu, qui, lecture faite, a signé avec Nous, Victor Alfred Duval, Maire de Fresnay-sur-Sarthe.

(Signatures.)

OBSERVATIONS. — 1° Pour éviter les confusions qui se produisaient fréquemment entre la date de la réception de l'acte et celle de la naissance de l'enfant, il a été décidé que cette dernière figurerait obligatoirement en tête de l'acte, la date de la réception devant être reportée dans le corps de la formule.

Lorsque la déclaration est faite le jour même de la naissance, la formule sera : **Dressé le jour susdit, quinze heures, sur la déclaration,** etc...

2° La date du mariage des parents ne doit pas être indiquée dans l'acte de naissance de l'enfant. Cette énonciation, qui d'ailleurs n'est pas prescrite par le Code civil, est de nature à préjudicier aux intéressés lorsque la naissance ne suit la célébration du mariage que de quelques mois ou lorsqu'il s'agit d'enfants légitimés, la date du mariage ne pouvant alors être ajoutée dans les expéditions que par suite de la mention marginale.

3° Il est inutile de dire que l'enfant est né **en cette commune,** puisque l'acte de naissance ne peut être reçu, sauf à être transcrit ailleurs ultérieurement dans certains cas, que dans la commune où la naissance a eu lieu. Il suffit d'indiquer la rue, le numéro, le hameau, le lieudit, la ferme, etc. Il est, au contraire, nécessaire d'indiquer, le cas échéant, que les parents sont domiciliés **en cette commune,** le domicile des parents ne se confondant pas nécessairement avec le lieu de naissance de l'enfant.

Lorsque le domicile des parents se confond avec le lieu de naissance, il pourra être indiqué par les mots : **domiciliés comme dessus.**

4° Pour les naissances dans les hôpitaux, il y a lieu d'indiquer, chaque fois que cela est possible, le nom de la rue et le numéro de la maison, mais non pas le nom de l'hôpital.

5° Les mots « **premier jumeau** », « **deuxième jumeau** », doivent être placés, s'il y a lieu, après les mots : **du sexe masculin** (ou **féminin**). Un acte de naissance distinct doit être dressé pour chaque jumeau.

6° Lorsque la naissance de l'enfant est postérieure à la mort de son père, la formule est ainsi modifiée :

... du sexe masculin, fils posthume de Louis Paul Bonnard, né à Mamers (Sarthe), le dix-sept avril mil huit cent quatre-vingt-dix-huit et décédé à Sillé-le-Guillaume le six mai mil neuf cent vingt-huit, et de Augustine Carré, née à La Ferté-Bernard (Sarthe), le seize décembre mil neuf cent quatre, sans profession, sa veuve, domiciliée à la ferme de Féougoux, à Saint-Léonard-des-Bois. Dressé le premier juillet mil neuf cent vingt-huit, dix heures, sur la déclaration de...

II. — ENFANTS NATURELS.

B

Si l'enfant naturel est reconnu dans son acte de naissance par le père qui fait la déclaration, il faudra :

1° Mentionner, s'il y a lieu, le domicile du père, et, plus loin, le domicile — différent — de la mère ;

2° Mettre, après l'indication de la profession et du domicile du père, les mots « **qui déclare le reconnaître** » ;

3° Supprimer les mots « **son épouse** ».

C

Si l'enfant naturel n'est pas reconnu par son père, la formule est :

... de Augustine Carré, née à Saint-Paterne, le six juin mil huit cent quatre-vingt-seize, épicière, domiciliée, etc...

Les mots « **et de père non dénommé** » sont prohibés par l'article 57 du Code civil.

Il est bien entendu que l'indication du nom de la mère dans l'acte de naissance n'équivaut pas à une reconnaissance faite par la mère, et *l'officier de l'état civil doit avertir le déclarant de l'utilité d'une reconnaissance ultérieure par celle-ci.*

D

Si l'enfant a été reconnu par son père dans l'acte de naissance sans que la mère soit désignée, la formule sera :

... de Louis Paul Bonnard, né à Saint-Paterne, le six juin mil huit cent quatre-vingt-seize, cultivateur, domicilié en notre commune, qui déclare le reconnaître. Dressé, etc...

La formule est la même si c'est la mère qui a reconnu l'enfant dans l'acte de naissance (1).

E

Si le déclarant de la naissance n'indique ni le père, ni la mère de l'enfant, la formule sera :

... du sexe masculin. Dressé le..., etc...

Les mots **de père et mère non dénommés** sont prohibés par l'article 57 du Code civil.

F

Si les père et mère ont reconnu tous deux l'enfant dans l'acte de naissance (1), la formule sera :

... qui déclarent le reconnaître. Dressé le dix-neuf juin mil neuf cent vingt-huit, dix heures, sur la déclaration des père et mère, qui, lecture faite, ont signé avec Nous, Alfred Duval, Maire de Fresnay-sur-Sarthe.

(Signatures.)

G

Si les parents de l'enfant l'ont reconnu antérieurement à la naissance, la formule est :

... de..., et de..., lesquels l'ont reconnu le (date)

ou

... de... { *lequel / ou / laquelle* } *l'a reconnu le (date)*

{ *en cette Mairie...*
ou
à la Mairie de X...
ou
par devant Mᵉ Z..., notaire à W... }

III. — **ENFANTS TROUVÉS.**

H

Il est impossible de donner une formule unique pouvant s'appliquer à toutes les hypothèses où un enfant trouvé est déclaré à l'officier de l'état civil ; la Commission s'est bornée à arrêter une formule conforme aux prescriptions de l'article 58 du Code civil et susceptible d'être employée dans le cas le plus fréquent :

Le douze novembre mil neuf cent vingt-huit, treize heures, Jean Paul Bouillot, trente-cinq ans, puisatier, domicilié, 29, rue Mission-de-France, à Marseille, Nous a présenté un enfant du sexe masculin, paraissant âgé de deux mois environ, qu'il déclare avoir trouvé aujourd'hui, cinq heures, sous le porche de l'immeuble, nᵒ 66, rue des Dominicaines.

(Description de l'enfant, de ses vêtements, énumération de toutes les circonstances de nature à permettre ultérieurement son identification.)

Nous avons donné à cet enfant les prénoms de Frédéric Octave et le nom de Mirey, et l'avons remis ce jour même à M. le Commissaire de police de..., etc.

Dont procès-verbal que, lecture faite, le déclarant a signé avec Nous, Clovis Albert Desjoncherets, Maire de Marseille.

(Signatures.)

CHAP. IV. — **RECONNAISSANCE D'ENFANTS NATURELS**

I

Formule de reconnaissance postérieure à la naissance de l'enfant :

MAIRIE du VIᵉ ARRONDISSEMENT de Paris	*Le vingt-cinq juin mil neuf cent vingt-huit, seize heures, Louise Durand, née à Clamart (Seine), le trois mai mil huit cent quatre-vingt-dix-sept, brocheuse, domiciliée à Paris, 55, quai des Grands-Augustins, a déclaré*

reconnaître pour son fils un enfant né à Corancy (Nièvre), le douze

---

(1) Le cas est assez fréquent à Paris et dans certaines grandes villes où les registres de l'état civil sont apportés à l'hôpital, pour que les accouchées puissent reconnaître leurs enfants dans l'acte même de naissance.

décembre mil neuf cent dix-neuf et inscrit sous les noms de Jacques Lucien, fils de Louise Durand.

Lecture faite, la déclarante a signé avec Nous, Pierre Roux, adjoint au Maire du VIe arrondissement de Paris.

(Signatures.)

OBSERVATIONS

A. — Il est inutile de mentionner le sexe de l'enfant déjà indiqué dans l'acte de naissance.

B. — La même formule peut encore servir lorsque la reconnaissance est faite simultanément par le père et par la mère.

Elle peut également servir lorsque l'enfant, reconnu par sa mère depuis l'établissement de l'acte de naissance, vient à être reconnu plus tard par son père, ou inversement.

C. — Une reconnaissance d'enfant naturel peut être faite devant n'importe quel officier de l'état civil, quel que soit le lieu de naissance de l'enfant ou le domicile du père ou de la mère.

D. — Lorsque l'acte de naissance de l'enfant n'aura pas été dressé dans le délai légal et que la naissance a été constatée par un jugement ultérieurement transcrit, la formule sera :

... né à Corancy (Nièvre), le douze décembre mil neuf cent dix-neuf et inscrit sur les registres de cette commune le quinze septembre mil neuf cent vingt et un, sous les noms de..., etc.

E. — Lorsque la reconnaissance est faite en vertu d'une procuration (art. 36 du Code civil), la formule sera :

Le vingt-cinq juin mil neuf cent vingt-huit, dix heures, Stanislas André Berthier, trente-cinq ans, menuisier, domicilié à Paris, 8, rue de Savoie, agissant en vertu d'une procuration spéciale et authentique, a déclaré que Louise Durand, née à Clamart (Seine), le trois mai mil huit cent quatre-vingt-dix-sept, brocheuse, domiciliée à Paris, 55, quai des Grands-Augustins, reconnaît pour son fils un enfant né à..., etc. (la suite comme ci-dessus).

F. — Il peut n'être dressé qu'un seul acte pour la reconnaissance simultanée de plusieurs enfants naturels par les parents.

G. — La légitimation d'enfants naturels ne peut jamais avoir lieu dans l'acte de célébration du mariage des père et mère (loi du 25 avril 1924). Elle doit être faite soit par la reconnaissance du père et celle de la mère, successives ou simultanées, antérieures à la célébration de leur mariage, soit par la reconnaissance de tous deux au moment même de la célébration, sur le registre où sont dressés les actes de naissance.

Dans ce dernier cas, après les énonciations relatives au père et à la mère, la formule est :

.....dont le mariage vient d'être célébré en cette Mairie, ont déclaré reconnaître en vue de la légitimation un enfant né..., etc.

Ce procédé est le seul légal pour les enfants adultérins dont la loi du 25 avril 1924 autorise la légitimation. A l'égard des enfants adultérins, la formule sera :

..... ont déclaré reconnaître, en vue de la légitimation, par application de l'article 331, § 2, 2° (ou 1°, ou 3°, suivant les cas) du Code civil, un enfant né à..., etc.

Si on applique le 3° de l'article 331, § 2, il y aura lieu d'ajouter :

Jules Benoît a déclaré, en outre, n'avoir jamais eu d'enfants de son premier mariage (ou qu'il n'existe plus d'enfants de son premier mariage).

H. — Lorsque la reconnaissance soit du père, soit de la mère, n'intervient qu'après la célébration de leur mariage, elle n'emporte légitimation qu'en vertu d'un jugement (art. 331, § 3, du Code civil).

Lorsque la reconnaissance ou la légitimation résultent d'un jugement, voir, pour la formule, le chapitre VIII.

II

Formules de reconnaissances antérieures à la naissance de l'enfant :

A. — *Le vingt-cinq juin* (comme dans la formule qui se trouve en tête du chapitre), *Louise Durand, etc., a déclaré reconnaître pour son ou ses*

*enfants le ou les enfants dont elle se déclare actuellement enceinte.
Lecture faite, etc...*

*B. — Le vingt-cinq juin, etc., Jules Benoît, né à Paris (XVIII⁰ arron-
dissement), le sept octobre mil neuf cent, typographe, domicilié à Paris,
17, rue de Nevers, et Louise Durand, etc., ont déclaré reconnaître pour
leur ou leurs enfants le ou les enfants dont Louise Durand déclare être
actuellement enceinte. Lecture faite, etc...*

*C. — Le vingt-cinq juin, etc., Jules Benoît, etc., a déclaré recon-
naître pour son ou ses enfants le ou les enfants dont il affirme que
Louise Durand, etc., quai des Grands-Augustins, est actuellement enceinte. Lecture faite, etc...*

III

**Formule de l'acte de reconnaissance d'un enfant dont l'acte de nais-
sance n'a jamais été dressé :**

*... a déclaré reconnaître pour son fils (ou sa fille) un enfant dont l'acte
de naissance n'a pas été dresse, né à... le... et désigné jusqu'ici sous
les prénoms et nom de... Lecture faite, etc...*

OBSERVATION. — Un jugement devra ultérieurement tenir lieu d'acte de
naissance de l'enfant.

CHAP. V. — **ACTES DE DÉCÈS**

COMMUNE DE MONTALBA
　Arrondissement
　　DE CÉRET
　(Pyrénées-Orientales)　　　　*Le quinze mars mil neuf cent vingt-huit,
　　　　　　　　　　　　　　　　seize heures, est décédé*

*en son domicile, lieudit le mas Pagris, Pierre Armand Théodore
　Lefèvre,
　　　ou
au lieudit le mas Pagris, Pierre Armand Théodore Lefèvre, domicilié à Arles-sur-Tech (Pyrénées-Orientales),
né à Cette, le deux janvier mil huit cent soixante-dix-huit,
　　　ou
âgé de cinquante ans,
métayer, fils
de Pierre Jacques Lefèvre, décédé, et de Marie Jeanne Dupont, sa
　veuve, sans profession, domiciliée à Arles-sur-Tech,
　　　ou
de père et mère dont les noms ne sont pas connus du déclarant.
célibataire,
　　　ou
époux de Rosalie Cordier,
　　　ou
veuf de Rosalie Cordier,
　　　ou
divorcé de Rosalie Cordier,
　　　ou
veuf, en premières noces, de Rosalie Cordier, divorcé, en secondes
　noces, de Clémence Yvette Bracot, époux, en troisièmes noces de
　Berthe Gabrielle Lussant,
　　　ou
marié, le nom de l'épouse n'étant pas connu du déclarant,
　　　ou
divorcé (ou veuf), le nom de l'épouse n'étant pas connu du déclarant.*

*Dressé le seize mars mil neuf cent vingt-huit, quatorze heures, sur
la déclaration de Pierre Henri Lefèvre, vingt-huit ans, ouvrier agricole,
fils du défunt, domicilié en cette commune, qui lecture faite, a signé
avec Nous, Charles Daniel Roussel, Maire de Montalba.*

(Signatures.)

OBSERVATIONS

A. — Pour la raison indiquée en ce qui concerne les actes de naissance, il convient que la date qui commence l'acte soit celle du décès
et non celle de la réception de la déclaration.

Lorsque la déclaration est faite le jour même du décès, la formule sera : **Dressé le jour susdit, quinze heures, sur la déclaration, etc.....**

B. — En raison des termes de l'article 8 du décret du 15 avril 1919, l'acte doit être dressé dans les vingt-quatre heures du décès, chaque fois que cela est possible.

C. — Les mots « **de père** », « **de mère** » « **non dénommé** » ou « **inconnu** » sont prohibés dans les actes de décès par l'article 2 de la loi du 22 juillet 1922.

D. — Pour les décès dans les hôpitaux, il y a lieu d'indiquer, chaque fois que cela est possible, le nom de la rue et le numéro de la maison, mais non pas le nom de l'hôpital.

E. — Il est inutile de dire que le décès a eu lieu **en cette commune**, puisque l'acte de décès ne peut être reçu, sauf à être transcrit ailleurs ultérieurement dans certains cas, que dans la commune où le décès s'est produit ou est présumé s'être produit. Il suffit d'indiquer la rue, le numéro, le hameau, le lieudit, la ferme, etc. Il en est ainsi même dans le cas des articles 81 et 82 du Code civil (mort violente) ; l'acte de décès ne doit alors différer en rien d'un acte ordinaire et il doit, avant tout, être inscrit à la Mairie du lieu de décès ; le procès-verbal visé à l'article 82 ne doit pas être substitué à l'acte de décès normal.

Il est, au contraire, nécessaire d'indiquer, le cas échéant, que le décédé était domicilié **en cette commune**, le lieu du décès étant très souvent différent du domicile du défunt.

Lorsque le domicile du défunt se confond avec celui de ses père et mère, l'acte portera : **est décédé au domicile de ses père et mère, lieudit le mas Pagris** ; de ce fait, il sera inutile d'indiquer le domicile des père et mère après l'énonciation de leurs noms.

F. — Si le décédé est un enfant légitime ou légitimé, le nom de la mère devra être suivi selon les cas, des mots « **son épouse** », « **sa veuve** », ou « **époux décédés** ».

G. — Si le décédé est un enfant naturel, le nom de la mère, indiqué dans l'acte de naissance, devra figurer dans l'acte de décès, même si elle ne l'a pas reconnu.

H. — L'indication « **célibataire** » est inutile si la personne décédée est une fille âgée de moins de quinze ans ou un garçon âgé de moins de dix-huit ans.

I. — Si le déclarant n'est pas parent du décédé (par exemple, pour le décès dans les hôpitaux), aucune mention superflue ne devra suivre son nom(telle que : « ... **qui a dit ne pas être parent du défunt** », ou « **qui a dit être informé du décès** ».

Si le déclarant est le père ou la mère du décédé, son âge doit être indiqué, par le nombre d'années, dans l'énonciation de la filiation du défunt et il suffira, plus loin, d'inscrire :

Dressé le seize mars mil neuf cent vingt-huit, quatorze heures, sur la déclaration du père (ou de la mère) du défunt (ou de la défunte), qui, lecture faite, etc...

J. — Lorsque le défunt a été plusieurs fois marié, le nom de ses épouses successives doit être signalé, s'il est connu du déclarant : « **Veuf en premières noces de ....., époux en secondes noces de .....** » (art. 79 du Code civil).

K. — Il est inutile de signaler la date du ou des mariages du défunt.

L. — Les mots : « **Mort pour la France** » ne devront figurer dans les actes de décès des personnes énumérées par la loi du 28 février 1922 que sur l'avis de l'autorité militaire.

M. — Si l'identité du défunt n'a pas été établie (1), la formule sera :

$$\textit{Le quinze mars mil neuf cent vingt-huit, six heures, un} \left\{ \begin{array}{c} \textit{individu} \\ \textit{ou} \\ \textit{enfant} \end{array} \right\} \textbf{du}$$

---

(1) Il s'agit, par exemple, d'un blessé trouvé sur la voie publique, transporté à l'hôpital et mort sans avoir repris connaissance, ou de personnes mortes soit dans l'incendie d'un théâtre, d'un grand magasin, d'un local où se trouvait une réunion publique, etc., soit dans un accident de chemin de fer, un naufrage, une catastrophe quelconque, et dont les cadavres ne sont pas reconnus.

sexe masculin, dont l'identité n'a pu être établie, est décédé au lieudit le mas Pagris. Le signalement est le suivant :

(Age approximatif, taille, couleur des cheveux et de la barbe, description détaillée du corps et des vêtements, énumération de toutes les circonstances de nature à permettre ultérieurement l'identification.)

Dressé le quinze mars mil neuf cent vingt-huit, etc.

N. — Si la date du décès n'a pu être établie (1), la formule sera :

Le quinze mars mil neuf cent vingt-huit, quatorze heures, Nous avons constaté le décès, paraissant remonter à quatre jours, de Pierre Armand Théodore Lefèvre, domicilié, etc.

Le corps a été trouvé $\Big\{$ *sur le territoire de notre commune,*
ou
au domicile du défunt.

Dressé le, etc.

O. — Si la date du décès ni l'identité du défunt n'ont été établies (2), la formule sera :

Le quinze mars mil neuf cent vingt-huit, quatorze heures, Nous avons constaté le décès d'un $\Big\{$ *individu / ou / enfant* $\Big\}$ *du sexe masculin, dont l'identité n'a pu être établie, et dont la mort paraît remonter à quatre jours. Le signalement est le suivant :*

(Mêmes énonciations que dans le cas M, en précisant le lieu, le jour, l'heure et les circonstances dans lesquelles le cadavre a été trouvé.)

Dressé le, etc.

FORMULE D'ACTE DE DÉCLARATION D'ENFANT SANS VIE

COMMUNE DE SAINT-BRIEUC
(Côtes-du-Nord)

Le quatorze mai mil neuf cent vingt-huit, seize heures vingt minutes, est accouchée d'un enfant présentement sans vie, 18, avenue Georges-Clemenceau,

$\Big\{$ *Marie Jeanne Dupont, née à Gouarec, le seize décembre mil neuf cent quatre, sans profession, épouse de Pierre Jacques Kergonidel, né à Quintin, le dix-sept avril mil huit cent quatre-vingt-dix-huit, papetier, domicilié, 18, avenue Georges-Clemenceau, à Saint-Brieuc,*
ou
une femme non dénommée.

Dressé le quinze mai mil neuf cent vingt-huit, quatorze heures, sur la déclaration

$\Big\{$ *du mari de l'accouchée,*
ou
de Léonard Yves Martinec, cinquante-cinq ans, restaurateur, domicilié, 6, rue du 71e-Régiment-d'Infanterie, à Saint-Brieuc, ayant assisté à l'accouchement,

qui, lecture faite, a signé avec Nous, Philippe Lemarchand, Maire de Saint-Brieuc.

(Signatures.)

OBSERVATION. — Dans cet acte, qui doit être dressé sur le registre des décès et non sur celui des naissances, les mots **né** et **naissance** doivent être évités. La loi du 22 juillet 1922 n'est pas applicable à l'acte de déclaration d'enfant sans vie.

---

(1) Il s'agit, par exemple, d'un pendu dont l'identité est connue.
(2) Il s'agit, par exemple, d'un homme dont le cadavre est retiré de l'eau et paraît y avoir séjourné plusieurs jours. Dans ce cas, le lieu du décès est lui-même ignoré et l'acte est dressé dans la commune où le cadavre a été trouvé.

CHAP. VI. — ACTES DE PUBLICATION DE MARIAGE

COMMUNE DE MELUN

Département
de
SEINE-ET-MARNE

*Publication de mariage devant être célé-
bré en cette Mairie,
ou
à la Mairie de Meaux,
entre Jean Louis Dubois, mécanicien, domicilié à Meaux, 8, rue Larrey,
et Marguerite Jacquet, lingère, domiciliée à Melun, 21, rue Carnot.*

*Affichée le huit juillet mil neuf cent vingt-huit, seize heures, par
Nous, Jacques Henri Renaud, Maire de Melun.*

(Signature du Maire.)

OBSERVATIONS

1º Pour chacun des futurs époux, le domicile et la résidence seront
indiqués ; mais, si les deux lieux se confondent, on mettra simplement
« **domicilié à.....** ».

Si le domicile n'a pas été d'une durée continue de six mois (art. 167
du Code civil), la formule sera :

« **... domicilié à ... et précédemment à ...** » ;

et, dans le dernier cas visé par l'article 167 :

« **domicilié à ... et précédemment à ..., né à ...** ».

2º Il ne doit pas être fait mention, dans la publication, des précédents
mariages des futurs conjoints, dissous par le veuvage ou le divorce.

3º La publication au domicile des père et mère, ou, au cas de décès
de ceux-ci, au domicile des aïeuls et aïeules, ne doit être faite que si
le futur époux est mineur. Il n'y a pas lieu à publication supplémen-
taire dans la commune où se réunit le conseil de famille autorisant le
mariage.

4º Le jour de la semaine où est faite la publication est indifférent,
il est inutile de le mentionner ; il suffit que l'affiche reste apposée dix
jours, même si dans ces dix jours il n'y a qu'un seul dimanche.

5º L'affiche de publication doit toujours être signée de l'officier de
l'état civil. Elle doit être placée dans un lieu très apparent et, autant
que possible, elle doit pouvoir être vue même des personnes qui n'en-
trent pas dans la Mairie.

6º Lorsque le Procureur de la République a accordé aux futurs époux
dispense de l'affichage de la publication seulement (loi du 8 avril 1927),
les mots « **Affichée le ...** » doivent être remplacés par ceux-ci : « **Acte
dressé le ...** ».

7º Il ne doit être perçu, pour l'affiche de publication ainsi que pour
le certificat de non-opposition, à peine de concussion, que le remboursement du droit de timbre. Le droit de 1 fr. 25, prévu par la loi du
18 décembre 1922, ne peut être perçu que pour l'expédition de l'acte de
publication, lorsque les intéressés en requièrent la délivrance.

8º Lorsque l'affiche est sur papier libre, il y a lieu de mettre, à la
place ordinaire du timbre, la mention « **Loi du 10 décembre 1850** » et
non pas « **Mariage entre indigents** ».

CHAP. VII. — ACTES DE MARIAGE

La Commission a pris, pour établir la formule-type de l'acte de mariage, le cas où la future épouse est mineure, où le futur époux a plus
de vingt-cinq ans révolus et où, pour ce dernier, depuis la loi du
28 avril 1922, le consentement des ascendants n'est plus nécessaire ; dans
ce même cas, le père et la mère du futur époux peuvent être témoins.

C'est surtout pour l'acte de mariage qu'il existait autrefois dans les
communes de France une grande diversité de formules ; la longueur
pouvait en varier du simple au double suivant que l'officier de l'état
civil tenait à être concis ou qu'il craignait d'omettre les énonciations
se rattachant directement ou indirectement au but de l'acte qu'il rédi-
geait.

La Commission a pensé qu'il était de son devoir d'éliminer les énonciations superflues.

Plus l'acte de mariage est long, plus il risque de contenir d'erreurs et de nécessiter des suppressions, additions, modifications et renvois ; en outre, plus il est long, moins sa vérification est facile. Elle a donc décidé de considérer comme limitative, sauf les cas exceptionnels, la liste des énonciations de l'acte de mariage qui figure à l'article 76 du Code civil.

Elle a arrêté ainsi qu'il suit la formule :

COMMUNE DE COGOLIN

CANTON DE GRIMAUD

Arrondissement
DE DRAGUIGNAN (VAR)

Le trente mai mil neuf cent vingt-huit, seize heures trente minutes, devant Nous ont comparu publiquement en la maison commune : Frédéric Baptistin Beaumier, mécanicien, né à Fréjus (Var), le douze janvier mil huit cent quatre-vingt-dix-sept, trente-et-un ans, domicilié à Saint-Raphaël (Var), 3, avenue de la Gare, fils de Ferdinand Beaumier, douanier, domicilié à Bormes (Var), et de Claire Bourreuilles, son épouse, décédée, d'une part, — et Charlette Brégonsul, dactylographe, née à Cogolin, le six avril mil neuf cent huit, vingt ans, domiciliée à Cogolin, 14, rue Gambetta, fille de Jérôme Luc Brégonsul, décédé, et de Fanny Jeanne Brunet, sa veuve, sans profession, domiciliée à Cogolin, 14, rue Gambetta, présente et consentante, d'autre part ; — aucune opposition n'existant.

La future épouse et sa mère déclarent qu'on doit attribuer à une erreur le fait que le père de la future épouse est prénommé Jérôme au lieu de Jérôme Luc dans son acte de décès.

Les futurs époux et la mère de la future épouse déclarent qu'il n'a pas été fait de contrat de mariage.

Frédéric Baptistin Beaumier et Charlette Brégonsul ont déclaré l'un après l'autre vouloir se prendre pour époux et Nous avons prononcé au nom de la Loi qu'ils sont unis par le mariage.

En présence de Léopold Louis Jugant, viticulteur à Gassin, et de Camille Rosalie Bret, sans profession, à Plan-de-la-Tour, témoins majeurs, qui, lecture faite, ont signé avec les époux, la mère de l'épouse et Nous, Joseph Galfard, Maire de Cogolin.

(Signatures.)

OBSERVATIONS

A. — C'est intentionnellement qu'il n'est point parlé dans cet acte de la lecture faite aux époux des articles 212, 213 et 214 du Code civil. Cette lecture doit être faite, d'après l'article 75 du Code civil, mais l'article 76 ne prescrit pas que mention de la lecture doit être portée dans l'acte.

B. — Il en est de même de la lecture des pièces relatives à l'état des époux. Jadis, dans un grand nombre de départements, on pouvait lire aux actes de mariage la formule suivante : « **Les actes préliminaires produits par les époux sont :** ». Ces mots et toute la liste qui suivait peuvent être supprimés sans inconvénient ; il suffira que les pièces soient jointes aux registres des mariages, lors de l'envoi annuel au Greffe du double qui doit y être déposé, auquel on devra annexer un simple relevé sur papier libre des pièces non produites, sous cette forme :

INDICATION DES PIÈCES NON ANNEXÉES DONT LES ORIGINAUX OU LES TRANSCRIPTIONS EXISTENT DANS LES ARCHIVES DE NOTRE COMMUNE

1º **Naissance de l'époux** .... 12 juillet 1880.

2º **Transcription du jugement de divorce de l'époux** .... 5 mai 1917.

3º **Décès du premier mari de l'épouse** .... 26 avril 1921.

C. — Il est inutile d'indiquer le lieu et la date du décès des père et mère.

D. — Si l'un des futurs époux est un enfant légitime ou légitimé, le nom de la mère devra être suivi, selon les cas, des mots « **son épouse** » « **sa veuve** » ou « **époux décédés** ».

Il en est de même si le futur époux, reconnu par ses père et mère ou par l'un d'eux postérieurement à leur mariage, n'a pas été déclaré légitimé par jugement.

E. — Si l'un des futurs époux est un enfant naturel de père non dénommé, il devra être désigné, dans son acte de mariage, par le nom patronymique de sa mère, indiqué dans son acte de naissance, même s'il n'a pas été reconnu par elle.

F. — L'âge des époux doit être indiqué d'abord par leurs dates et lieux de naissance, puis par leur nombre d'années révolues.

G. — Si les père et mère de l'un des futurs époux ont même domicile, on indiquera ce domicile commun par la formule « **domiciliés à ... »** et non « **domiciliés ensemble à ... »**.

H. — La loi du 21 juin 1907, modifiant l'article 76 du Code civil, a décidé que l'acte de mariage ne mentionnerait plus la publication préalable.

H *bis*. — Par voie de conséquence, il n'y a pas lieu de mentionner, dans l'acte de mariage, la dispense de publication prévue par l'article 169 du Code civil ; il suffira que la dispense accordée par le Procureur de la République soit jointe au dossier du mariage.

H *ter*. — Il n'y a pas lieu, non plus, de mentionner, dans l'acte de mariage, la dispense de délai de viduité accordée par ordonnance du Président du Tribunal civil.

I. — Lorsque les futurs époux ont plus de vingt-cinq ans, rien dans la rédaction de l'acte de mariage ne devra indiquer le consentement de leurs pères et mères. Il en est de même s'ils ont plus de vingt et un ans et qu'ils se marient pour la seconde ou la troisième fois (loi du 9 août 1919).

Lorsqu'ils ont plus de vingt et un ans, il n'y aura jamais lieu d'indiquer quels sont leurs grands-parents.

J. — Il n'y aura lieu de mentionner la situation militaire du futur époux que si celui-ci, soit comme officier, soit comme sous-officier, soldat ou marin en activité de service, doit produire l'autorisation de ses supérieurs hiérarchiques à son mariage (décret du 28 avril 1921).

Lorsque des pièces produites par le futur époux résultera la preuve que cette autorisation n'est pas nécessaire, l'acte de mariage n'y fera point allusion.

K. — Il est inutile d'énoncer dans l'acte de mariage que les pièces produites ont été paraphées par le Maire et les parties intéressées.

L. — Les témoins du mariage sont au nombre de deux, Français ou non, de l'un ou de l'autre sexe : depuis la loi du 27 octobre 1919, un mari et sa femme peuvent être témoins dans le même acte de mariage. Il n'y a lieu d'indiquer ni leur parenté ou alliance avec les époux, ni leur âge, mais seulement leur qualité de majeurs.

M. — Lorsque l'un des époux est pupille de l'Assistance publique et qu'il produit, au lieu de son acte de naissance, un simple certificat d'origine, l'officier de l'état civil qui aura célébré le mariage doit en aviser sans retard l'administration de l'Assistance publique du département dont l'époux est originaire, afin que la mention en marge de l'acte de naissance puisse être ordonnée par les soins de cette administration.

Si l'époux est majeur, les mots « **pupille de l'Assistance publique** » ne doivent pas figurer dans l'acte de mariage.

FORMULE DE CONSENTEMENT AU MARIAGE
DONNÉ DEVANT L'OFFICIER DE L'ÉTAT CIVIL
PAR L'ASCENDANT QUI NE PEUT ASSISTER A LA CÉLÉBRATION

Le onze juin mil neuf cent vingt-huit, neuf heures vingt minutes, devant Nous, Vincent Guichard, Maire de Rouen, Frédéric Louis Gentil et Mariette Claire Dahy, son épouse, marchands de couleurs, domiciliés 22, rue des Carmes, à Rouen, ont déclaré consentir au mariage que

*Edmond Tristan Gentil, leur fils, sculpteur, domicilié, 17, avenue de la
Reine, à Versailles, se propose de contracter avec Emma Censier, mi-
niaturiste, domiciliée, 265, avenue du Maine, à Paris. En présence de...*
(désignation des deux témoins). *Et Nous avons signé, après lecture, avec
les déclarants et les témoins.*

(Signatures.)

I. — Cet acte est dressé sur une feuille volante ; il n'est pas transcrit
sur un registre.

II. — Depuis la loi du 2 août 1902, modifiant la loi du 25 **ventôse an XI,**
les notaires qui reçoivent de tels consentements peuvent le faire sans
l'assistance d'un notaire en second ou de témoins. Par conséquent, la
présence de témoins ne sera pas nécessaire lorsque l'officier de l'état
civil n'aura aucun doute sur l'identité du ou des déclarants.

III. — En cas de refus de consentement au mariage d'un enfant
mineur, la seule modification à faire à la formule ci-dessus consistera
dans la substitution des mots « **déclaré ne pas consentir** » aux mots
« **déclaré consentir** » (art. 148 du Code civil, loi du 17 juillet 1927).

ACTE DE MARIAGE
Formules pour divers cas spéciaux

XVIII° ARRONDISSEMENT
de Paris

*Le trente et un mai mil neuf cent vingt-
huit, onze heures...*

Mariage à la Mairie

devant Nous ont comparu publiquement en la maison commune...

Mariage à domicile

A. — Le futur époux est en péril de mort imminent :

*... Nous nous sommes transporté au n° 15 de la rue Lepic, sur le vu
d'un certificat de M. Galici, docteur en médecine, pour procéder au mariage de Jean Léon Lucien Baugy, etc. (profession, âge, domicile et
filiation du futur époux), et de... (énonciations relatives à la future
épouse). Nous avons alors fait ouvrir les portes de la maison en vue
de célébrer publiquement ledit mariage. Les futurs époux déclarent
qu'il n'a pas été fait de contrat de mariage, etc.*

**B. — Les futurs époux ne peuvent se rendre à la Mairie
par suite d'un empêchement grave :**

*... Nous nous sommes transporté au n° 15 de la rue Lepic, sur la
réquisition de M. le Procureur de la République, pour procéder au mariage de... (le reste comme ci-dessus).*

REPRISE DE L'ACTE DE MARIAGE CÉLÉBRÉ A LA MAIRIE

*... Jean Léon Lucien Baugy, commis-libraire, né à Varengeville-sur-
Mer (Seine-Inférieure), le douze juillet mil neuf cent quatre, vingt-trois
ans...*
Ajouter lorsque l'acte de naissance n'a pas été produit :
... ainsi qu'il résulte d'un acte de notoriété...
Dispense d'âge :
... autorisé par décret accordant dispense d'âge...

Résidence et domicile
confondus.   *domicilié 15, rue Lepic, à Paris.*

Résidence différant du
domicile.   *domicilié à Varengeville-sur-Mer et résidant
               15, rue Lepic, à Paris.*
fils de

A

LE FUTUR ÉPOUX EST UN ENFANT LÉGITIME ; LES PÈRE ET MÈRE SONT TOUS DEUX EN ÉTAT DE MANIFESTER LEUR CONSENTEMENT.

1° Parents présents et consentants :

*... Ferdinand Baugy, cultivateur, et de Louise Amélie Geoffroy, son
épouse, sans profession, domiciliés à Varengeville-sur-Mer, présents et
consentants...*

2° Parents consentants, mais non présents :

... *Ferdinand Baugy, etc.* (comme ci-dessus), *domiciliés à Varengeville-sur-Mer, consentants par acte authentique...*

3° Le futur époux a moins de 21 ans ; le père consent au mariage, non la mère, ou inversement (art. 148 du Code civil, loi du 17 juillet 1927) ;

... *Ferdinand Baugy, cultivateur, domicilié à Varengeville-sur-Mer, présent et consentant, et de Louise Amélie Geoffroy, son épouse, sans profession, également domiciliée à Varengeville-sur-Mer...*
(Voir explication 2 ci-dessous.)

4° Le futur a plus de 21 ans et moins de 25 ans, il se marie pour la première fois, les père et mère ne consentent pas au mariage :

... *Ferdinand Baugy, cultivateur, et de Louise Amélie Geoffroy, son épouse, sans profession, domiciliés à Varengeville-sur-Mer...*

5° Le consentement au mariage est donné par le Tribunal civil (art. 17, alinéa 2, de la loi du 24 juillet 1889, sur la protection des enfants maltraités ou moralement abandonnés) :

... *Ferdinand Baugy, cultivateur, et de Louise Amélie Geoffroy, son épouse, sans profession, domiciliés à Varengeville-sur-Mer, autorisé par jugement du Tribunal civil de la Seine-Inférieure, section de Dieppe...*

6° Le futur époux est un enfant adopté (art. 352 du Code civil, loi du 19 juin 1923) :

... *Ferdinand Baugy, cultivateur, et de Louise Amélie Geoffroy, son épouse, sans profession, domiciliés à Varangeville-sur-Mer, adopté par Lambert Michel Luzelle, minotier, domicilié à Eu, présent et consentant...*

OBSERVATION. — Lorsque l'adoptant est en état de manifester sa volonté, l'acte de mariage de l'adopté n'a pas à mentionner la présence de ses père et mère à la célébration de son mariage.

B

LE FUTUR ÉPOUX EST UN ENFANT LÉGITIME. — LE PÈRE SEUL OU LA MÈRE SEULE PEUT MANIFESTER SON CONSENTEMENT.

7° Père décédé :

... *Ferdinand Baugy, décédé, et de Louise Amélie Géoffroy, sa veuve, sans profession, domiciliée à Varangeville-sur-Mer, présente et consentante...*

8° Père disparu :

... *Ferdinand Baugy,* { *disparu* (a) ....
ou
absent, déclaré tel par un jugement du Tribunal civil de la Seine-Inférieure, section de Dieppe, ... *et de*
ou
absent, ainsi qu'il résulte d'un jugement du Tribunal civil de la Seine-Inférieure, section de Dieppe, qui a ordonné l'enquête. }

Louise Amélie Geoffroy, son épouse, sans profession, domiciliée à Varengeville-sur-Mer, présente et consentante...

9° Père aliéné ou déchu de la puissance paternelle :

... *Ferdinand Baugy, sans profession, domicilié à Villejuif (Seine), et de Louise Amélie Geoffroy, son épouse, sans profession, domiciliée 12, boulevard Thiers, à Montreuil (Seine), présente et consentante...*

OBSERVATION. — Pour le cas où le décès ou la disparition du père est affirmé sous serment devant l'officier de l'état civil, voir, outre les formules 7° et 8° (a) ci-dessus, les énonciations complémentaires indiquées page 17.

C

LE FUTUR ÉPOUX, ENFANT LÉGITIME, A MOINS DE 21 ANS, LES PARENTS SONT DÉCÉDÉS, IL RESTE ENCORE DES ASCENDANTS AU 2e DEGRÉ.

10° Les quatre grands-parents sont présents et consentants :

... Ferdinand Baugy et de Louise Amélie Geoffroy, époux décédés, petit-fils, du côté paternel, de Joseph Baugy, horticulteur, et de Mariette Point, son épouse, sans profession, domiciliés à Varengeville-sur-Mer, et, du côté maternel, de Félicien Geoffroy, meunier, et de Félicie Euphrasie Orradoux, son épouse, sans profession, domiciliés à Margon (Eure-et-Loir), tous quatre présents et consentants...

11° Les grands-parents paternels sont décédés ; le grand-père maternel consent au mariage, non la grand'mère, ou inversement :

... Ferdinand Baugy et de Louise Amélie Geoffroy, époux décédés, sans autre ascendant survivant que Félicien Geoffroy, aïeul maternel, meunier, domicilié à Margon (Eure-et-Loir), présent et consentant, et Félicie Euphrasie Orradoux, son épouse, sans profession, également domiciliée à Margon...

12° Il ne reste plus qu'un ascendant dans chaque ligne, il y a dissentiment entre eux :

... Ferdinand Baugy et de Louise Amélie Geoffroy, époux décédés, sans autre ascendant survivant que Joseph Baugy, aïeul paternel, sans profession, domicilié à Varengeville-sur-Mer, et Félicie Euphrasie Orradoux, veuve Geoffroy, aïeule maternelle, sans profession, domiciliée à Margon (Eure-et-Loir), présente et consentante...

D

LE FUTUR ÉPOUX EST UN ENFANT LÉGITIME, IL A MOINS DE 21 ANS, TOUS SES ASCENDANTS SONT DÉCÉDÉS OU DISPARUS.

13° Ascendants décédés :

... Ferdinand Baugy et de Louise Amélie Geoffroy, époux décédés, autorisé par délibération de son conseil de famille...

14° Ascendants disparus (art. 160 du Code civil, loi du 7 février 1924 :

... Ferdinand Baugy et de Louise Amélie Geoffroy, son épouse, tous deux disparus, autorisé par délibération de son conseil de famille...

E

LE FUTUR ÉPOUX EST UN ENFANT NATUREL

15° Il a été reconnu par son père et par sa mère, qui consentent au mariage :

... Ferdinand Baugy, etc. (la formule est la même que la formule 1°, les mots « son épouse » étant supprimés)...

16° L'un de ses père et mère consent au mariage, non l'autre :

... Ferdinand Bagy, etc. (la formule est la même que la formule 3°, les mots « son épouse » étant supprimés)...

17° Il n'a été reconnu que par sa mère :

... Louise Amélie Baugy, journalière, domiciliée à Varengeville-sur-Mer, présente et consentante...

18° Il n'a été reconnu que par son père et la mère n'est pas désignée dans l'acte de naissance :

... Ferdinand Baugy, cultivateur, domicilié à Varengeville-sur-Mer, présent et consentant...

19° Il a plus de 21 ans, il n'a pas été reconnu et le nom de sa mère n'est pas indiqué dans son acte de naissance. Dans ce cas, aucune mention relative à sa filiation ne doit figurer dans l'acte de mariage (art. 2 de la loi du 22 juillet 1922).

20° Il a plus de 21 ans, n'a pas été reconnu, le nom de sa mère figure dans son acte de naissance :

... Louise Amélie Baugy, journalière, domiciliée à Varengeville-sur-Mer...

21° Il a moins de 21 ans et n'a point été reconnu (art. 159 et 389 du Code civil) ou, s'il a été reconnu, ses parents sont décédés :
(indiquer la filiation comme aux n°⁵ 15, 17, 18, 19 et 20 ci-dessus et ajouter) : *...autorisé par jugement du Tribunal civil de....*

22° Il a moins de 21 ans, l'ascendant ou les ascendants qui l'ont reconnu ont disparu (art. 160 du Code civil, loi du 7 février 1924) :

...
Ferdinand Baugy, disparu,......
Ferdinand Baugy et de Louise { *autorisé par jugement du*
Amélie Geoffroy, disparus,... { *Tribunal civil de....*
Louise Amélie Baugy, disparue,

23° Il a moins de 21 ans, il est pupille de l'Assistance publique (art. 13 de la loi du 27 juin 1904) :

(indiquer la filiation comme ci-dessus et ajouter :) ... *autorisé par le conseil de famille de l'Assistance publique des Alpes-Maritimes...*

24° Il a moins de 21 ans, il a été confié par le Tribunal à une Association de bienfaisance (art. 17, 19 et 20 de la loi du 24 juillet 1889) :

(indiquer la filiation comme ci-dessus et ajouter :) ... *autorisé par consentement donné par Claude Philippe Alphonse Gayte, chevalier de la Légion d'honneur, directeur de l'Union française pour le sauvetage de l'enfance, domicilié à Paris, 108, rue de Richelieu...*

F

LE FUTUR ÉPOUX A PLUS DE 21 ANS ET MOINS DE 25 ANS, IL SE MARIE POUR LA PREMIÈRE FOIS ET IL IGNORE LE LIEU DU DÉCÈS OU DE LA RÉSIDENCE ACTUELLE DE SES PÈRE ET MÈRE.

(Art. 155 du Code civil, loi du 7 février 1924).

25° Serment du futur époux :

... *Ferdinand Baugy et de Louise Amélie Geoffroy, son épouse, tous deux disparus.....*

SUITE DE L'ACTE DE MARIAGE

... *veuf de Rosalie Cordier,....*
        ou
... *divorcé de Rosalie Cordier.....*
(Voir explication 7 ci-dessous).

Le futur époux est soldat ou sous-officier :

... *autorisé par décision du Conseil* { *régiment...*
        d'administration de son { *corps...*

Il est officier :

... *autorisé par* { *le Général commandant le XI° corps d'armée,*
{ *le Ministre de la Guerre,*
{ *le Ministre de la Marine,*
d'autre part,...
Et... (énonciations relatives à la future épouse),
d'autre part,

Aucune opposition n'a été signifiée ou mainlevée a été donnée de l'opposition :

... *aucune opposition n'existant.*

Il y a une opposition irrégulière qui ne peut retarder la célébration :

... *Il n'existe aucune opposition pouvant empêcher le mariage.*
Lorsque le décès ou la disparition des ascendants est attesté sous serment devant l'officier de l'état civil dans les cas prévus aux articles 149, 150, 155 et 158 du Code civil (loi du 7 février 1924), il y a lieu d'ajouter l'une des formules suivantes :

A. — Le décès du père du futur époux est attesté sous serment par la mère du futur époux.

B. — Le décès du père du futur époux est attesté sous serment par les grands-parents paternels du futur époux.

Si le futur époux a de 21 à 25 ans et se marie pour la première fois :

C. — Le futur époux déclare sous serment qu'il ignore la résidence actuelle de ses père et mère et que ceux-ci n'ont pas donné de leurs nouvelles depuis un an.

Si le futur a moins de 21 ans :

D. — Le futur époux et sa mère déclarent sous serment que la résidence actuelle du père du futur époux est inconnue et que celui-ci n'a pas donné de ses nouvelles depuis un an.

E. — Le futur époux et ses grands-parents déclarent sous serment que la résidence actuelle des père et mère du futur époux est inconnue et qu'ils n'ont pas donné de leurs nouvelles depuis un an.

OBSERVATIONS. — A. — Les formules sont les mêmes, soit que les ascendants aient fait leur déclaration sous serment au cours de la célébration du mariage, soit qu'ils aient fait cette déclaration dans l'acte de leur consentement, dressé par l'officier de l'état civil de leur domicile ou de leur résidence. **Les formules A, B et E sont inapplicables aux enfants naturels.**

B. — Lorsque le futur époux a plus de 21 ans et que l'un de ses père et mère donne son consentement au mariage, il n'y a pas lieu à attestation sous serment du décès ou de la disparition de l'autre.

Dispense de parenté (oncle, nièce ; tante, neveu) ou d'alliance [après divorce] (beau-frère, belle-sœur) [art. 162, 163, 164 du Code civil, loi du 1er juillet 1914] :

... Les futurs époux sont autorisés { de parenté...
par décret accordant dispense { d'alliance...

ERREUR ORTHOGRAPHIQUE OU OMISSION (art. 75, § 5, du Code civil, loi du 9 août 1919) :

1ᵘ Le futur époux est mineur, ses père et mère assistent à la célébration du mariage :

Le futur époux et ses père et mère { une omission
attestent qu'on doit attribuer à { ou
{ une erreur

le fait que {
le prénom de Marius ne figure pas à l'acte de naissance du futur époux dans la désignation de son père, alors qu'il figure à l'acte de naissance de ce dernier...
ou
le nom de Baugy a été orthographié Beaugy dans l'acte de naissance du futur époux, alors qu'il est régulièrement orthographié Baugy dans celui de son père...

2° Les père et mère du futur époux attestent dans l'acte de consentement ci-annexé qu'on doit attribuer, etc. (Le reste comme ci-dessus).

3° Il résulte du procès-verbal du conseil de famille ayant autorisé au mariage le futur époux qu'on doit attribuer, etc. (Le reste comme ci-dessus).

4° Il résulte du consentement au mariage donné par le Tribunal civil de la Seine qu'on doit attribuer, etc. (Le reste comme ci-dessus).

5° Le futur époux est majeur :

Le futur époux atteste qu'on doit attribuer, etc. (Le reste comme ci-dessus).

La future épouse est mineure, ses père et mère assistent à la célébration du mariage, le futur époux est majeur :

Les futurs époux, ainsi que les père et mère de la future épouse, déclarent...

Les futurs époux sont majeurs :

Les futurs époux déclarent...

Pas de contrat de { ... qu'il n'a pas été fait de contrat de mariage.
mariage. {

{ ... qu'un contrat de mariage a été reçu le
Contrat de mariage. { seize avril mil neuf cent vingt-huit par maître Dollon, notaire à Offranville,...

Jean Léon Lucien Baugy et Juliette Léonie Périnet ont déclaré l'un après l'autre vouloir se prendre pour époux et Nous avons prononcé, au nom de la Loi, qu'ils sont unis par le mariage.

En présence de Léon Félix Gatron, tonnelier, 5, rue Damesme, et de Maria Léonie Démas, institutrice, 17, rue des Petits-Champs, témoins majeurs, qui, lecture faite, ont signé avec les époux...

Si les époux sont mineurs ou s'ils ont moins de vingt-cinq ans et qu'ils se marient pour la première fois :

... leurs pères et mères...
... et Nous, Paul Frédéric Millat, adjoint au Maire du XVIIIe arrondissement de Paris.

L'épouse a vingt ans, l'époux vingt-sept ans, ses père et mère sont témoins du mariage :

En présence des père et mère de l'époux, témoins majeurs, qui, lecture faite, ont signé avec les époux, les père et mère de l'épouse et Nous, Paul Frédéric Millat, etc.

Si l'une des personnes ci-dessus énumérées ne sait pas signer :

... témoins majeurs. Lecture faite, les époux, leurs pères et mères et le premier témoin ont signé avec Nous, Paul Frédéric Millat, adjoint au Maire du XVIIIe arrondissement de Paris, le second témoin ayant déclaré ne savoir signer.

Si l'une des personnes ci-dessus énumérées ne peut pas signer :

... témoins majeurs, qui, lecture faite, ont signé avec les époux, la mère de l'époux, les père et mère de l'épouse, et Nous, Paul Frédéric Millat, adjoint au Maire du XVIIIe arrondissement de Paris, le père de l'époux ayant déclaré ne pouvoir signer pour cause d'infirmité.

Ces formules demandent quelques explications :

1º Lorsqu'un des ascendants consent au mariage, mais n'est pas présent à la célébration, il n'est pas nécessaire d'indiquer dans l'acte si le consentement a été rédigé par un notaire ou par un officier de l'état civil, ni à quelle date. Il suffit de joindre au dossier du mariage le consentement reçu en brevet. L'expression « **consentant par acte authentique** » s'applique aussi bien si le consentement a été reçu par un officier de l'état civil que s'il l'a été par un notaire.

2º Si le refus de consentement de l'un des ascendants a nécessité une notification par notaire, il n'y a pas lieu (loi du 9 août 1919) de faire mention de cette notification dans l'acte de mariage : il suffira que la notification elle-même soit jointe au dossier du mariage.

Par analogie, on devra passer sous silence les causes qui dispensent de produire l'acte de consentement des père et mère, lorsque ces causes sont de nature à préjudicier aux futurs époux (ascendant aliéné ou déchu de la puissance paternelle).

Dans le cas, prévu par la loi du 17 juillet 1927, où l'un des futurs époux est mineur et où son père ou sa mère, présent à la célébration du mariage, refuse verbalement son consentement, il y aura lieu d'indiquer dans l'acte : « ... **présent et non consentant...** », aucune pièce du dossier ne pouvant alors expliquer le défaut de consentement.

3º Lorsqu'un enfant légitime se marie avec le consentement du conseil de famille, il est inutile d'énumérer les grands-parents et de dire qu'ils sont décédés, puisque cette double énonciation se trouve nécessairement dans la délibération du conseil de famille jointe au dossier du mariage.

Il n'y a pas lieu de mentionner dans l'acte de mariage le serment prêté par le mineur dans les conditions prévues à l'article 160 du Code civil. En effet, ce serment n'est pas prêté devant l'officier de l'état civil et il est déjà mentionné dans le procès-verbal du conseil de famille ou le jugement du Tribunal civil accordant l'autorisation au mariage et annexé au dossier du mariage.

4º **Les expéditions d'actes de naissance** délivrées par les autorités étrangères, les expéditions d'actes de décès et de transcription de divorce sont valables quelle que soit la date de leur délivrance.

Le délai de trois mois imparti par l'article 70 du Code civil ne s'applique qu'aux expéditions d'*actes de naissance* délivrées en France et celui de six mois qu'à celles qui ont été délivrées dans une colonie ou dans un consulat.

5º Il est inutile d'indiquer que le futur époux est célibataire, lorsqu'il résulte de l'acte de mariage qu'il n'est ni veuf ni divorcé. Lorsqu'il est divorcé, la pièce qu'il doit fournir à l'officier de l'état civil qui célébrera son second mariage est la copie de la transcription du jugement de divorce sur le registre des mariages et non pas l'acte de son premier mariage mentionnant en marge cette transcription.

6° **La légitimation des enfants naturels ne peut jamais avoir lieu dans l'acte de célébration du mariage, mais toujours par acte séparé, comme il a été expliqué plus haut** (voir chap. IV).

7° Lorsqu'un époux se marie pour la troisième ou quatrième fois, l'acte de mariage ne devra énoncer que les prénoms et nom du dernier en date de ses précédents conjoints. Les mots « veuf » ou « divorcé *en troisièmes noces* de... » ne devront pas figurer à l'acte de mariage (loi du 4 février 1928).

8° Lorsque l'époux est Français et l'épouse étrangère, ou inversement, l'acte de mariage ne doit contenir aucune énonciation relative à la future nationalité de l'épouse.

Certificat de célébration civile

COMMUNE ET CANTON
de SALLANCHES
———

Arrondissement
DE BONNEVILLE (HAUTE-SAVOIE)

Le mariage de Michel Grégoire Gaste-miel et de Sabine Houlauve a été célébré en cette Mairie aujourd'hui onze novembre mil neuf cent vingt-huit.

Le Maire,

(Signature.)

OBSERVATIONS. — 1° Le certificat de célébration civile, dont le seul but est de garantir le ministre du culte contre l'éventualité de poursuites fondées sur les articles 199 et 200 du Code pénal, ne doit énoncer ni les âges, professions, domiciles et filiation des époux, ni leurs mariages antérieurs.

2° Il ne doit être perçu, pour le certificat de célébration civile, à peine de concussion, que le remboursement du droit de timbre.

3° Si le certificat de célébration civile est délivré ultérieurement, il devra mentionner la date de la célébration du mariage et celle de la délivrance du certificat : le mot « **aujourd'hui** » devra alors être remplacé dans la formule par le mot « **le** ».

CHAP. VIII. — **TRANSCRIPTIONS**

Les transcriptions sur les registres de l'état civil se rapportent soit à des actes de l'état civil déjà dressés ailleurs, soit à des oppositions aux mariages ou à des mainlevées desdites oppositions, soit à des décisions de justice.

1re Catégorie. — A. Transcription d'un acte de mariage célébré à l'étranger (art. 171 du Code civil) :

Le douze avril mil neuf cent vingt-huit, Paul, etc. (prénoms, nom, âge, profession et domicile) Nous a requis de transcrire l'acte de mariage suivant :

(Suit la transcription)

Transcrit le jour susdit, onze heures, par Nous, Armand Colas, Maire de Longchaumois.

(Signature.)

La même formule sera employée lorsque la transcription d'un acte de naissance ou de décès sera faite à la requête d'une personne intéressée (circulaire du Garde des Sceaux du 11 mai 1875).

B. Si la transcription d'un acte de décès a lieu conformément aux prescriptions des articles 80, 86, § 3, et 94 du Code civil, la formule sera :

(Transcription de l'acte de décès)

Transcrit le douze avril mil neuf cent vingt-huit, onze heures, par Nous, etc.

La formule sera la même pour la transcription des actes de naissance prévue par l'article 60, § 3, et pour celle des actes de reconnaissance d'enfant naturel prévue par l'article 98, § 2, du Code civil.

OBSERVATION. — La transcription des actes de naissance, reconnaissance, mariage ou décès devra être précédée de l'énumération des indications géographiques relatives à la commune où l'acte a été primitivement reçu.

C. Formule de transcription d'une mention rectificative ou additive, alors que l'acte de décès rectifié administrativement a déjà été dressé sur les registres de la même commune (loi du 18 avril 1918 et circulaire ministérielle du 27 avril 1918) :

La mention { *rectificative ou additive* } *ci-dessous se*

réfère { *à l'acte de décès ou au jugement déclaratif de décès* } *de*

X... { *dressé ou transcrit* } *le quatorze juillet mil neuf cent quinze*

sous le numéro 1577 (suit : la copie de la mention).

Transcrit le..........., heures.......... minutes, par Nous..............

....

Le Maire,
(Signature.)

2e Catégorie. — D'après l'article 67 du Code civil, l'inscription des oppositions à mariage sur les registres des mariages doit être réduite à une mention sommaire ; la formule sera donc :

COMMUNE DE NANTERRE
———
CANTON DE PUTEAUX
———
Département de la Seine

Le premier février mil neuf cent vingt-huit, opposition au mariage de Claude Lucien Levaillé et de Simone Juliette Laurent, par Louis François Laurent, cinquante-sept ans, sellier, domicilié, 63, boulevard du Midi, à Nanterre, père de ladite Simone Juliette Laurent, Nous a été signifiée et a été inscrite par Nous, Jean Jérôme Bourgogne, Maire de Nanterre.

(Signature du Maire.)

L'inscription de mainlevée d'opposition sera, elle aussi, à plus forte raison, réduite à une mention sommaire. Si la mainlevée est amiable, la formule sera :

L'opposition formée au mariage de Claude Lucien Levaillé et de Simone Juliette Laurent par Louis François Laurent a été levée par acte à Nous signifié aujourd'hui, onze février mil neuf cent vingt-huit, et inscrit par Nous, Jean Jérôme Bourgogne, Maire de Nanterre.

(Signature du Maire.)

Si la mainlevée est judiciaire, la formule sera :

L'opposition formée au mariage de Claude Lucien Levaillé et de Simone Juliette Laurent par Louis François Laurent a été levée par jugement du Tribunal civil de la Seine (arrêt de la Cour d'appel de Paris) à Nous signifié, etc.

3e Catégorie. — Transcription d'ordonnances, jugements ou arrêts.

Depuis la loi du 20 novembre 1919, la transcription des ordonnances, jugements et arrêts est limitée à leur dispositif (art. 858 du Code de procédure civile).

Exemple :

COMMUNE
DE SAINT-AGRÈVE
———
CANTON DE SAINT-AGRÈVE
———
Arrondissement de Tournon
———
Département de l'Ardèche

Vu la signification à Nous faite le onze juin mil neuf cent vingt-huit : 1° de la grosse d'un jugement (ou arrêt), rendu par le Tribunal civil du Gard (ou la Cour d'appel de Nîmes), le vingt et un mars mil neuf cent vingt-huit, et 2° des certificats exigés par l'article 252 du Code civil. Nous transcrivons ici le dispositif dudit jugement (ou arrêt) :

« *... Par ces motifs, le Tribunal (ou la Cour) prononce le divorce, à la* *requête et au profit du mari, entre les époux Jean Louis Gengoux et Elisabeth Léontine Carles, mariés à Saint-Agrève le vingt-huit juin mil neuf cent cinq. — Ordonnance de non-conciliation du douze juillet mil neuf cent vingt-sept. »*

Transcrit le douze juin mil neuf cent vingt-huit, seize heures, par Nous, Sébastien Pouchin, maire de Saint-Agrève.

Variante :

« ... prononce le divorce aux torts respectifs des époux Jean Louis Gengoux et Elisabeth..., etc. ».

OBSERVATIONS. — 1º La transcription des jugements et arrêts de divorce, depuis la loi du 26 juin 1919, se fait **dans les cinq jours** de la signification, non compris les jours fériés, et non plus le **cinquième jour**. Elle ne doit porter que sur le prononcé du divorce et sur la date de l'ordonnance de non-conciliation (loi du 26 mars 1924), et non sur les parties du dispositif concernant la liquidation du régime matrimonial, la garde des enfants, la pension alimentaire et les dépens du procès.

2º Si les deux époux ont demandé, l'un le divorce et l'autre la séparation de corps, et si le Tribunal a accueilli les deux demandes par un seul et même jugement, la transcription ne doit porter que sur le divorce.

3º Si les deux époux ont demandé le divorce l'un contre l'autre et que le Tribunal, par un seul et même jugement, a accueilli l'une des demandes et rejeté l'autre, la transcription ne doit porter que sur la demande accueillie.

4º S'il y a eu acquiescement à un jugement de divorce rendu sur conversion de séparation de corps (art. 249 du Code civil, loi du 9 décembre 1922), la formule sera :

Vu la signification à Nous faite le onze avril mil neuf cent vingt-huit : 1º de la grosse d'un jugement rendu, sur conversion de séparation de corps, par le Tribunal civil du Gard, à la date du vingt et un mars mil neuf cent vingt-huit, et 2º d'un acte d'acquiescement de l'époux défendeur à la conversion, Nous transcrivons ici, etc...

5º La formule est la même pour tous les jugements signifiés par ministère d'huissier, tels que désaveux de paternité, déclarations judiciaires de paternité ou de maternité naturelle, déclarations judiciaires de légitimation (art. 331, § 3, du Code civil), annulations de mariage ou de reconnaissance d'enfants naturels, adoptions, etc.

Toutefois, l'article 548 du Code de procédure civile sera visé, et non pas l'article 252 du Code civil, spécial au divorce, en ce qui concerne les certificats annexés à la signification. Pour les décisions de juridiction gracieuse (adoptions, déclarations judiciaires de légitimation en l'absence de toute contestation), aucun certificat n'est annexé à la signification.

6º Si un jugement par défaut est confirmé sur opposition, la formule sera :

Vu la signification à Nous faite le dix-neuf juillet mil neuf cent vingt-huit, 1º des grosses de deux jugements rendus par le Tribunal civil de la Gironde, l'un, par défaut, à la date du vingt et un décembre mil neuf cent vingt-sept, l'autre, confirmant le précédent, à la date du deux avril mil neuf cent vingt-huit ; 2º des certificats exigés, etc.

Il suffit dans ce cas de transcrire le dispositif du premier jugement. Il en est de même lorsqu'un arrêt de la Cour d'appel confirme purement et simplement un jugement du Tribunal civil sans en reproduire le dispositif.

7º Les actes de l'état civil peuvent être rectifiés par ordonnances, jugements, ou arrêts, lesquels ne sont pas signifiés à l'officier de l'état civil par huissier, mais transmis par le Procureur de la République (art. 99 à 101 du Code civil).

La formule sera :

1º Pour les jugements et arrêts :

Vu la grosse à Nous remise le onze juin mil neuf cent vingt-huit, Nous transcrivons ici le dispositif d'un jugement (ou arrêt) rendu par le Tribunal civil du Gard (ou la Cour d'appel de Nîmes) à la date du vingt-deux mars mil neuf cent vingt-huit... (le reste comme ci-dessus).

2º Pour les ordonnances :

*Vu la grosse à Nous remise le onze juin mil neuf cent vingt-huit,
Nous transcrivons ici le dispositif d'une ordonnance rendue, le trente
mars mil neuf cent vingt-huit, par M. le Président du Tribunal civil de
la Somme, section d'Amiens : « Nous, Président du Tribunal civil... Par
ces motifs, disons que le nom de Boullenger sera remplacé dans l'acte
de décès dressé à Bray-sur-Somme le six décembre mil neuf cent vingt-
sept par celui de Boulenger ; ordonnons que la présente ordonnance
sera transcrite sur les registres de l'année courante de la commune de
Bray-sur-Somme, que mention de ladite rectification sera portée en marge de l'acte réformé, tant sur le registre conservé à la Mairie de Bray-
sur-Somme que sur le double déposé au Greffe de notre Tribunal et
qu'expédition ne pourra désormais être délivrée sans contenir ladite
rectification. »*

*Transcrit le onze juin mil neuf cent vingt-huit, dix-sept heures, par
Nous, Gustave Mousselot, Maire de Bray-sur-Somme.*

(Signature.)

Cette formule est applicable aux transcriptions de jugements décla-
ratifs de naissance ou de décès.

CHAP. IX. — MENTIONS EN MARGE

A. — Mention du mariage en marge de l'acte de naissance :

*Marié (e) à   , le   , avec   ;
Le   mil neuf cent vingt-huit.*

Le Maire (Le Greffier),
(Signature.)

**B. — Mention, en marge de l'acte de naissance, d'un mariage célébré
à l'étranger et transcrit en France (loi du 20 novembre 1919) :**

*Marié (e) à   , le   , avec   ;
acte transcrit à   , le   .
Le   mil neuf cent vingt-huit.*

Le Maire (Le Greffier),
(Signature.)

**C. — Mention d'une reconnaissance d'enfant naturel résultant d'une
déclaration faite devant un officier de l'état civil :**

*Reconnu (e) le   à   par   .
Le   mil neuf cent vingt-huit.*

Le Maire (Le Greffier),
(Signature.)

**D. — Mention d'une reconnaissance résultant du consentement du
parent naturel au mariage de son enfant :**

*Reconnu (e), dans son acte de mariage, le
à   par   .
Le   mil neuf cent vingt-huit.*

Le Maire (Le Greffier),
(Signature.)

E. — Mention d'une reconnaissance reçue par un notaire :

*Reconnu (e) le   par   , suivant acte
reçu par Mᵉ X..., notaire à   .
Le   mil neuf cent vingt-huit.*

Le Maire (Le Greffier),
(Signature.)

OBSERVATION. — Cette formule suppose que la reconnaissance notariée
signifiée à l'officier de l'état civil n'a pas été transcrite par lui avant
d'être mentionnée en marge de l'acte de naissance de l'enfant.

F. — Mention de reconnaissance de paternité ou de maternité naturelle résultant d'un jugement :

*Reconnu (e) par   , en vertu d'un jugement (arrêt)
rendu le   par le Tribunal civil (la Cour d'appel)
de   et transcrit le
Le   mil neuf cent vingt-huit.*

                Le Maire (*Le Greffier*),
                  (Signature.)

G. — Mention, en marge de l'acte de naissance, d'une légitimation d'un enfant naturel précédemment reconnu par ses père et mère :

*Légitimé (e) par le mariage de   et de
célébré à   le
Le   mil neuf cent vingt-huit.*

                Le Maire (*Le Greffier*),
                  (Signature.)

H. — Mention, en marge de l'acte de naissance, d'une légitimation d'enfant naturel reconnu par ses père et mère au moment même de la célébration de leur mariage :

*Légitimé (e) par   et par   lors de
leur mariage, célébré à   le
Le   mil neuf cent vingt-huit.*

                Le Maire (*Le Greffier*).
                  (Signature.)

I. — Mention, en marge de l'acte de naissance, d'une légitimation déclarée par jugement (art. 331 du Code civil, § 3).

*{ Fils
  ou   { légitimé (e) de   et de   , aux termes
  Fille
{ d'un jugement du Tribunal civil de.. } rendu le... et
{ d'un arrêt de la Cour d'appel de... } transcrit le...
Le   mil neuf cent vingt-huit.*

                Le Maire (*Le Greffier*),
                  (Signature.)

J. — Mention, en marge de l'affiche de publication d'un mariage, de l'interruption de l'affichage (loi du 8 avril 1927) :

*Publication interrompue le
Le   mil neuf cent vingt-huit.*

                Le Maire (*Le Greffier*),
                  (Signature.)

K. — Mention, en marge de l'inscription d'une opposition sur le registre des mariages, de la mainlevée, judiciaire ou amiable, de cette opposition :

*Mainlevée de l'opposition ci-contre inscrite le
Le   mil neuf cent vingt-huit.*

                Le Maire (*Le Greffier*),
                  (Signature.)

L. — Mention de divorce en marge d'un acte de mariage ou de la transcription d'un acte de mariage célébré à l'étranger :

*Mariage dissous par   } jugement
                    ou   } de divorce rendu le
                    arrêt
par   { le Tribunal civil
       {   ou   } de   et transcrit le
       { la Cour d'appel
Le   mil neuf cent vingt-huit.*

                Le Maire (*Le Greffier*),
                  (Signature.)

M. — Mention d'annulation d'un mariage :

Mariage annulé par   { *jugement ou arrêt* }   *rendu le*

(La suite comme ci-dessus.)

N. — Mention d'adoption en marge de l'acte de naissance de l'enfant adopté :

Adopté (e) par   *, en vertu*
d'un { *jugement du Tribunal civil / arrêt de la Cour d'appel* } *de*
rendu le   *et transcrit le*
Le   *mil neuf cent vingt-huit.*

       Le Maire (*Le Greffier*),
       (Signature.)

OBSERVATION. — D'après l'article 367 du Code civil (loi du 19 juin 1923),. le dispositif du jugement ou de l'arrêt d'adoption est transcrit sur les registres de l'état civil du lieu de naissance de l'adopté : il est donc inutile, dans la mention marginale, d'indiquer où la transcription dudit jugement a été opérée.

O. — Pupille de la nation (loi du 27 juillet 1917) :

Adopté par la Nation en vertu d'un jugement rendu par le Tribunal civil de   *le*
Le   *mil neuf cent vingt-huit.*

       Le Maire (*Le Greffier*),
       (Signature.)

OBSERVATION. — Cette mention n'est pas précédée de la transcription du jugement.

P. — Mention de la transcription d'un jugement rectificatif d'état civil en marge de l'acte rectifié :

Rectifié par { *jugement du Tribunal civil / ou / arrêt de la Cour d'appel* } *de*
rendu le   *et transcrit le*
en ce sens que
Le   *mil neuf cent vingt-huit.*

       Le Maire (*Le Greffier*),
       (Signature.)

OBSERVATION. — Cette formule est applicable au désaveu de paternité.

P bis. — Rectification par ordonnance :

Rectifié par ordonnance du Président du Tribunal civil de   *, rendue le*   *et transcrite le*   *, en ce sens que...*
Le   *mil neuf cent vingt-huit.*

       Le Maire (*Le Greffier*),
       (Signature.)

Q. — Mention, en marge d'un acte, de sa validation par jugement nonobstant le défaut d'une ou de plusieurs signatures :

Acte validé, malgré le défaut de signature du Maire, par jugement du Tribunal civil de   *, rendu le*
et transcrit le
Le   *mil neuf cent vingt-huit.*

       Le Maire (*Le Greffier*),
       (Signature.)

R. — Mention, en marge d'un acte de décès ou en marge de la transcription d'un jugement déclaratif de décès, de sa rectification administrative (loi du 18 avril 1918 et circulaire ministérielle du 27 avril 1918) :

{ *Rectifié / ou / Complété* } *par mention transcrite le trente juin mil neuf cent vingt-huit, sous le numéro 1321, en ce sens que, etc...*
Le   *mil neuf cent vingt-huit.*

       Le Maire (*Le Greffier*),
       (Signature.)

S. — Mention de l'annulation d'une reconnaissance en marge de l'acte de reconnaissance.

La même formule doit être employée lorsque la reconnaissance est concomitante à l'acte de naissance :

Reconnaissance { *jugement du Tribunal civil* } *de*
annulée par { *ou* }
{ *arrêt de la Cour d'appel* }
rendu le   *et transcrit le*
Le   *mil neuf cent vingt-huit.*

Le Maire (*Le Greffier*),
(Signature.)

T. — Mention d'annulation d'une autre mention :

La mention ci-dessus a été annulée en exécution
{ *jugement du Tribunal civil* }
d'un { *ou* } *de*   *rendu*
{ *arrêt de la Cour d'appel* }
le   *et transcrit le*
Le   *mil neuf cent vingt-huit.*

Le Maire (*Le Greffier*),
(Signature.)

OBSERVATION. — Cette mention peut résulter soit d'un jugement annulant une reconnaissance d'enfant naturel (art. 339 du Code civil), soit d'un jugement constatant qu'une mention a été apposée par erreur en marge d'un acte qu'elle ne concernait pas.

U. — Mention de changement de nom :

Autorisé à porter dorénavant le nom de Lafenestre-Girard, par jugement homologuant un décret, transcrit le seize avril mil neuf cent vingt-huit.
Le   *mil neuf cent vingt-huit.*

Le Maire (*Le Greffier*),
(Signature.)

V. — Mention de réconciliation, en cas de séparation de corps, en marge de l'acte de mariage (art. 311 du Code civil) :

Les époux dont le mariage est constaté par l'acte ci-contre, après avoir été séparés de corps, se sont réconciliés par acte passé devant M° X...,
notaire à
Le   *mil neuf cent vingt-huit.*

Le Maire (*Le Greffier*),
(Signature.)

W. — Mention, en marge d'un acte de mariage, de la transcription d'un jugement retirant à la femme les pouvoirs à elle conférés par la loi du 13 juillet 1907 :

La femme dont le mariage est constaté par l'acte ci-contre s'est vu retirer ses pouvoirs de gestion sur les produits de son travail personnel
{ *jugement du Tribunal civil* }
par un { *ou* } *de*
{ *arrêt de la Cour d'appel* }
rendu le   *et transcrit le*
Le   *mil neuf cent vingt-huit.*

Le Maire (*Le Greffier*),
(Signature.)

X. — Mention sommaire d'intercalation indiquant la place d'un acte omis et établi par jugement :

N° 105 bis. — Laure Emilie Carpel, née le trente octobre mil neuf cent dix. (Voir acte n° 26 du trois mars mil neuf cent vingt-huit.)
Le   *mil neuf cent vingt-huit.*

Le Maire (*Le Greffier*),
(Signature.)

CHAP. X. — **CLOTURE DES REGISTRES**

Les registres de l'état civil doivent être clos le 31 décembre et non le 1er janvier. Il est inutile d'ajouter « vingt-trois heures cinquante-neuf minutes », ce qui est invraisemblable. La clôture doit avoir lieu après le dernier acte et non à la dernière page du registre.

Il y a lieu de distinguer trois hypothèses :

A. Celle, la plus fréquente, où la commune possède trois registres séparés, naissances, mariages et décès ;

B. Celle où la commune n'a qu'un seul registre pour les naissances, mariages et décès ;

C. Celle où, à raison de la très grande importance de la ville, il faut pour une seule année plusieurs registres destinés à recevoir des actes de même espèce.

Formule A.

Registre contenant neuf cent vingt et un actes de naissance et reconnaissance, clos et arrêté le trente et un décembre mil neuf cent vingt-huit.

Le Maire,
(Signature.)

Il est inutile de faire, dans le procès-verbal de clôture, le décompte des diverses espèces d'actes compris dans un même registre, comme dans l'exemple ci-dessous :

... contenant cent cinquante-sept actes, savoir :

Actes de mariage, cent quarante et un, ci		141
Transcrip-tions	*de jugements de divorce, treize, ci*	13
	de mariages célébrés à l'étranger, deux, ci.	2
	de jugement rectificatif, un, ci	1
	TOTAL	157

Un chiffre global suffit.

Formule B.

Registre contenant dix-sept actes de naissance et reconnaissance, neuf actes de mariage et transcriptions de divorces, et quinze actes de décès, clos et arrêté le trente et un décembre mil neuf cent vingt-huit.

Le Maire,
(Signature.)

Ici la division des actes en trois groupes est nécessaire, parce que les tables annuelles et décennales sont elles-mêmes divisées en trois.

Formule C.

Registre formant la troisième partie de l'exercice courant et comprenant sept cent soixante-douze actes de décès, du numéro cinq cent quarante-quatre au numéro treize cent quinze inclus, clos et arrêté le dix-sept août mil neuf cent vingt-huit.

**Le Maire
du XIe arrondissement de Paris,**
(Signature.)

La clôture du registre en cours d'année à la suite d'un jugement ordonnant le déplacement et la communication au Tribunal est tombée en désuétude depuis que les Juges ont pris l'habitude de faire photographier la page du registre qui donne lieu au procès.

CHAP. XI. — **COPIES DES ACTES**

1° Les copies (ou *expéditions* ou *extraits*) des actes de l'état civil doivent être faites sur *papier timbré*, sauf dans les cas limitativement énumérés par la circulaire du Garde des Sceaux du 1ᵉʳ juin 1913 (1).

______

(1) Voir *Mairie pratique* 1927, pages 58 et suivantes.

2° La légalisation des expéditions d'actes de l'état civil est, en principe, supprimée ; elle ne subsiste que pour les actes délivrés par des autorités étrangères en vue d'être utilisés en France, ou, inversement, délivrés en France pour être produits devant des autorités étrangères. Encore y a-t-il lieu de remarquer : a) que des conventions internationales peuvent, même dans ce cas, dispenser de la légalisation ; b) que la légalisation n'est pas exigée au cas de mariage célébré à l'étranger par des autorités diplomatiques ou consulaires françaises.

3° Aux termes du dernier alinéa de l'article 45 du Code civil, les expéditions d'actes de l'état civil peuvent être délivrées sans que la liste des témoins ni celle des pièces produites à l'officier de l'état civil soient recopiées.

Exemple :

TRANSCRIPTION D'UN JUGEMENT DE DIVORCE ANTÉRIEURE A LA LOI DU 20 NOVEMBRE 1919 (début) :

Sur les registres :

Vu la signification à Nous faite, le onze septembre mil neuf cent dix-huit : 1° de la grosse d'un jugement de divorce rendu par le Tribunal civil d'Uzès, à la date du vingt et un mai mil neuf cent dix-sept, entre les époux Jean Louis Gengoux et Elisabeth Léontine Carles, mariés le vingt-huit juin mil neuf cent cinq, et 2° des certificats exigés par l'article 252 du Code civil, Nous avons dudit jugement extrait ce qui suit :
Par ces motifs, etc.

Sur la copie :

D'un jugement de divorce, rendu par le Tribunal civil d'Uzès, à la date du vingt et un mai mil neuf cent dix-sept, entre les époux Jean Louis Gengoux et Elisabeth Léontine Carles, mariés le vingt-huit juin mil neuf cent cinq, Nous avons extrait ce qui suit :
« Par ces motifs, etc. »

Autre exemple :

ACTE DE MARIAGE

Sur les registres :

En présence de Léopold Louis Jugant, viticulteur à Gassin, et de Camille Rosalie Bret, sans profession, à Plan-de-la-Tour, témoins majeurs, qui, lecture faite, ont signé avec les époux, la mère de l'épouse, et Nous, Joseph Galfard, Maire de Cogolin.

(Signatures.)

Sur la copie :

Lecture faite, les époux, la mère de l'épouse et les témoins ont signé avec Nous, Joseph Galfard, Maire de Cogolin.

Dans les copies, le **déclarant** de la naissance et celui du décès doivent être indiqués.

4° Il ne devra être délivré de copies intégrales d'actes de naissance qu'aux personnes énumérées au deuxième alinéa de l'article 57 du Code civil.

5° Il en est de même en ce qui concerne les copies intégrales d'actes de mariage antérieurs à la loi du 30 décembre 1915 et contenant légitimation d'enfants naturels (art. 6, § 1er, de cette loi).

6° L'expédition de l'acte de naissance produite par l'enfant légitimé à l'officier de l'état civil qui doit célébrer son mariage est conforme au dernier alinéa de l'article 57 du Code civil, avec l'indication de la qualité d'époux de ses père et mère (loi du 1er juillet 1922).

7° Les expéditions, même intégrales, de tous les actes de l'état civil, quels qu'ils soient, ne doivent, en aucun cas, reproduire les mots : « de mère inconnue », « de père non dénommé » et autres énonciations analogues (loi du 22 juillet 1922, art. 2).

TABLE DES MATIÈRES

ACTES ET DOCUMENTS OFFICIELS

OCCASION EXCEPTIONNELLE

Un très grand nombre d'abonnés de 1926 ont été tellement satisfaits de leur abonnement qu'ils ont voulu acquérir les années 1920, 1921, 1922, 1923, 1924 et 1925 de la « **MAIRIE PRATIQUE** ».

Comme il nous reste encore quelques collections de 1920, 1921, 1922, 1923, 1924, 1925 et 1926, **NOUS CÉDERONS TOUS LES NUMÉROS DE CES SIX ANNÉES POUR LA SOMME GLOBALE DE 45 FRANCS EN RAISON DE CE QUE QUELQUES NUMÉROS SONT ÉPUISÉS.**

(R. C. Grenoble, n° 12.034)

En vente au bureau du journal

1° Le Nouveau **CODE DE LA ROUTE** suivi des **instructions officielles complètes** pour obtenir le **permis de conduire les** automobiles, leur **mise en circulation, le laissez-passer avec modèle d'arrêté municipal** pour en réglementer la vitesse, etc.

Prix de l'exemplaire : 2 francs.

2° La loi sur les **RETRAITES OUVRIERES ET PAYSANNES refondue** et **mise à jour.**

Prix de l'exemplaire : 2 francs.

3° La Nouvelle législation sur les **ACCIDENTS DU TRAVAIL** concernant les exploitations agricoles.

Prix de l'exemplaire : 2 francs.

Adresser les demandes, accompagnées du prix en timbres-poste à M. Épisse, 50, cours Berriat, à Grenoble (Isère).

Grenoble, Imprimerie spéciale de la « MAIRIE PRATIQUE »
Rue Casimir-Brenier, 11. — F. Eymond, Directeur. — Le Gérant : J. Épisse.

ATTENTION !!!

EN VENTE :

LE BUDGET COMMUNAL
Manuel essentiellement pratique

à l'usage des Maires, Conseillers municipaux et Secrétaires de Mairie

Contenant les indications complètes, nettes, précises, **pratiques**, appuyées de **nombreux exemples** et des **modèles** de **toutes les pièces à produire pour établir chaque année** le **BUDGET ADDITIONNEL** et le **BUDGET PRIMITIF** et suivi de **très nombreux modèles** relatifs au **Service Financier Municipal**,

par **E. PLEOT, Percepteur-Receveur Municipal, à SAINS-RICHAUMONT (Aisne)** et **J.-C. EPISSE, Ex-Chef de Bureau de Préfecture, Directeur de la « MAIRIE PRATIQUE », 50, cours Berriat à GRENOBLE (Isère).**

Le vote du budget communal est l'acte le plus important qu'accomplit chaque année le Conseil municipal.

En vue de faciliter la tâche ingrate de Maires et de leurs dévoués Secrétaires de Mairies, nous avons pensé que le moment était venu de leur présenter, non pas un ouvrage purement théorique qui ne serait pas apprécié par les Secrétaires de Mairie des communes rurales, **mais surtout et avant tout, un guide pratique ayant pour but d'apprendre à confectionner le budget communal au moyen d'exemples,** car nous estimons que rien ne vaut un exemple pour faire comprendre une explication.

Les exemples étudiés, expliqués et commentés permettent d'apprendre à exécuter tous les travaux budgétaires qui se présentent à la session de mai.

Pour chaque article de recette et de dépense nous avons donné une explication détaillée et un exemple indiquant le chiffre à porter en vertu de telle disposition légale.

Nous nous sommes appliqués à ne pas donner à notre guide une ampleur exagérée et à faire en sorte que le lecteur puisse nous comprendre très aisément.

Nous nous sommes basés sur des exemples vécus qui permettront aux Municipalités de dresser leurs budgets sans aucun secours.

Dans notre guide, **nous montrons le mécanisme du budget en même temps que nous le décrivons, le commentons et l'expliquons.**

Nous avons défini le centime communal et **ajouté aux nombreux exemples, une série de modèles** à utiliser pour le Service financier communal.

Les auteurs :
E. PLEOT et J.-C. EPISSE.

BULLETIN DE SOUSCRIPTION (1)

à envoyer à M. **J.-C. EPISSE, Directeur de la « Mairie Pratique »,**

Je soussigné, Maire ou Secrétaire de Mairie de la commune de.........

............., département............., bureau de poste.............,

déclare souscrire à............. exemplaires du **MANUEL PRATIQUE** *de* **« BUDGET COMMUNAL »** *au prix de 14 francs l'exemplaire.*

Arrondissement de............., Perception de.............

A............., le............. 19..

Le Maire ou Secrétaire de Mairie,

---

(1) En raison du tirage limité de l'ouvrage, nous prions MM. les Maires et Secrétaires de Mairie de bien vouloir nous faire parvenir leur bulletin de commande dans le délai le plus rapproché possible en y joignant le montant soit de 14 francs **en un mandat-carte ou mandat-poste.**

Pas d'expédition contre remboursement
Pas de compte chèque postal